Peut-être vous demanderez-vous pourquoi
j'ai peint des chèvres et des poissons volants,
des violonistes au visage vert perchés sur les toits,
des maisons qui flottent dans le ciel, à l'envers,
des amoureux qui volent au-dessus de la ville…

J'ai peint mon monde, ma vie,
ce que j'ai vu et ce dont j'ai rêvé :
j'ai peint ma Russie bien-aimée,
le Vitebsk où je suis né,
le quartier des Juifs pauvres où j'ai grandi,
tel que je le voyais lorsque j'étais encore enfant,
lorsque, encore, je m'appelais Moshe Segal.

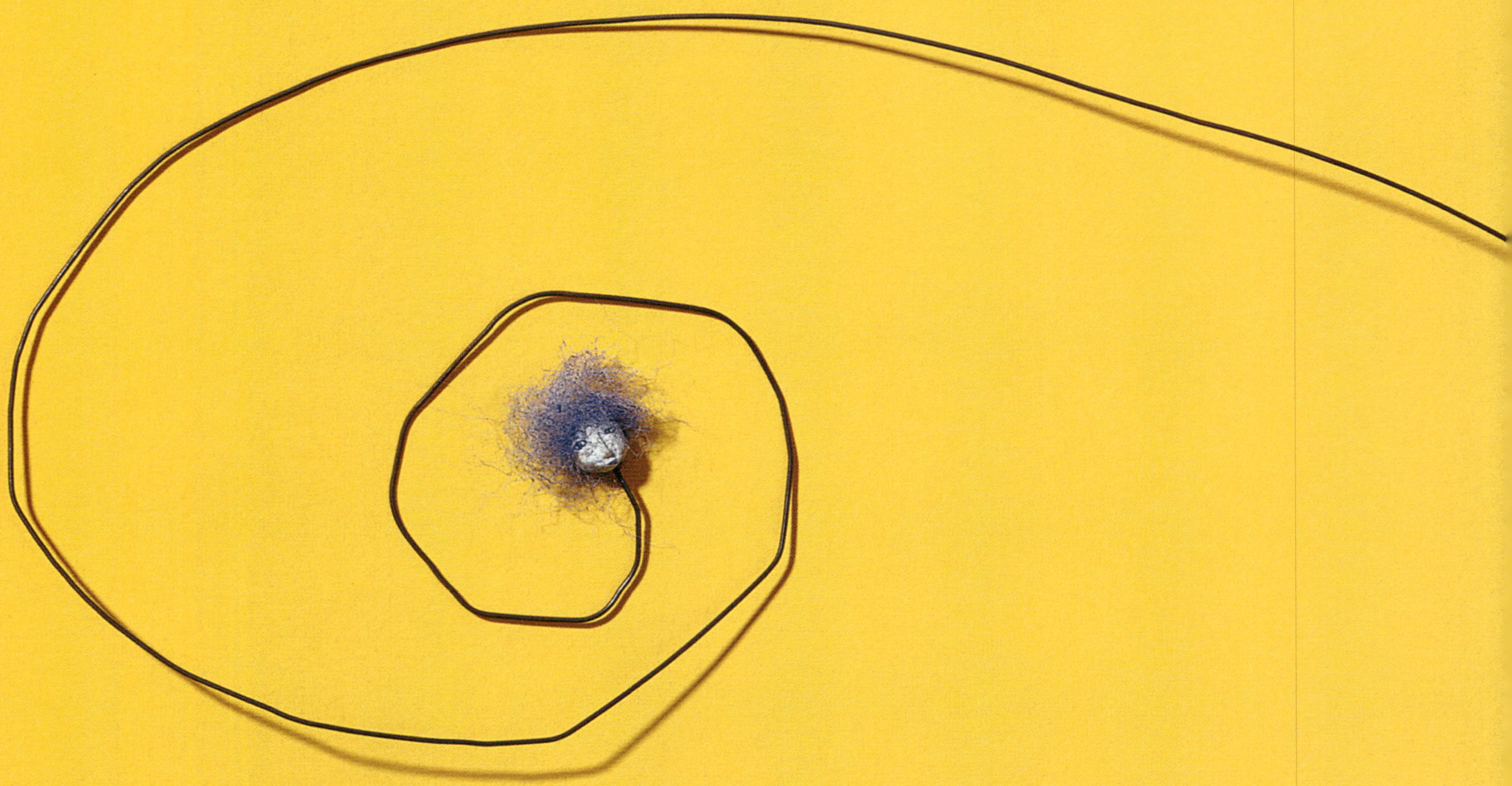

À mes parents qui m'ont laissée libre de poursuivre mes rêves,
et à mon frère, avec une affection infinie. B. L.

Remerciement spécial à la Fondation du Centre de Documentation Juive Contemporaine de Milan et à Nanette R. Hayon Zippel, pour sa gentillesse. B. L.

Photographie de Marc Chagall, 1910
avec l'aimable autorisation des Archives Ida Chagall – Paris.
Photographies des tableaux de B. Landmann © Alessandro Vicario.

www.arkaedizioni.it
www.bimbalandmann.com
www.grasset-jeunesse.com

Première édition, dépôt légal : mars 2006
Nouveau tirage, dépôt légal : décembre 2013
Loi 49956 du 16/07/1949
N° édition : 18.136
ISBN : 978 2 246 70441 6
Imprimé en Italie

Comment je suis devenu

Marc Chagall

Récit librement inspiré de *Ma vie,* de Marc Chagall.

Texte et illustrations de Bimba Landmann.

(Images librement inspirées de l'univers de Marc Chagall)

Traduction et adaptation
de Juliette Valléry

Grasset-Jeunesse

Dans le quartier de Vitebsk, tout m'émerveillait :
les Juifs avec leurs violons, leurs chansons, leurs prières ;
les pauvres cabanes en bois, les chèvres, les vaches et les poules ;
les poires gelées que m'apportait papa au retour du travail.
Et par-dessus tout, les lumières du Shabbat, le samedi des Juifs.
Les femmes allumaient deux bougies à la fenêtre :
« En souvenir du jour où Dieu s'est reposé après avoir créé le monde »
m'expliquait maman.
On disait qu'en ce jour de fête, deux anges accompagnaient
le chef de famille à la maison, après les prières à la Synagogue.
Cette nuit-là, des chants résonnaient dans le ciel de Vitebsk :
Shalom Aleikhem, la Paix soit avec vous.

Puis la fête commençait : knodels, poisson farci,
viande et carottes, fruits cuits.
Après les dernières prières, tout le monde somnolait.
Tout le monde, sauf moi. J'allais sur le toit. J'adorais y monter.
Grand-père y montait lui aussi pour grignoter des carottes.
Sur le toit, il y avait la lune. Et mes étoiles.
Sur le toit, je pouvais rêver et divaguer,
imaginer ce que je ferais quand je serais grand.
Pas question d'être vendeur comme papa
qui passait ses journées à déplacer de lourdes caques de harengs.
Ni boucher comme grand-père, ou coiffeur comme oncle Zoussy. Non.
Moi, je rêvais d'un avenir radieux… Je rêvais de devenir célèbre.

J'avais une belle voix et j'accompagnais les chanteurs à la Synagogue.
« Voilà, pensais-je, je deviendrai chanteur ! J'entrerai au Conservatoire. »
J'avais appris à racler du violon.
« Voilà, pensais-je, je deviendrai violoniste ! J'entrerai au Conservatoire. »
Mes parents m'applaudissaient lorsque je dansais avec ma sœur.
« Voilà, pensais-je, je deviendrai danseur ! J'entrerai… »

Ces rêveries me rendaient heureux.
C'était comme voler au-dessus de Vitebsk,
au-dessus de la Russie tout entière.

ח
ט

Mais maman et papa avaient bien
d'autres projets pour moi.
Comme tous les enfants,
je devais aller au Cheder, à l'école religieuse,
qui se trouvait dans la maison de mon maître.
Je devais apprendre l'hébreu
pour étudier la Torah, le livre sacré.
Je devais écouter les enseignements du rabbin
pour devenir un bon Juif.
Mais moi, lorsque j'étais au Cheder,
je préférais regarder les poules,
le berceau suspendu au plafond,
la chèvre qui jetait un œil par la fenêtre,
pendant que le rabbin expliquait :
« Le “ɛ” avec un tiret en-dessous se prononce… »
J'étais pris d'une irrésistible envie de dormir.
Et je n'étais pas le seul…
Même le rabbin, parfois, s'endormait.
Qu'il était drôle ! J'aurais voulu le dessiner
mais je n'osais pas : et s'il m'avait vu ?
Oh, comme il se serait mis en colère !
Il disait que les Juifs ne pouvaient pas
représenter les hommes.
Il disait : « Dieu ne le veut pas,
c'est un péché ! »

Lorsque le Cheder fut terminé, ma mère réitéra avec l'école communale russe.
Mais aussitôt entré, je me dis : « C'est sûr, là-dedans, je vais attraper mal au ventre ! » Et il m'arriva effectivement quelque chose. Je commençai à bégayer.
Allez savoir pourquoi, je ne réussissais pas à réciter ma leçon, même lorsque je la connaissais. « Ta ta ta ta… » Les mots ne sortaient pas.
« Pourquoi aller à l'école ? me demandais-je.
Je veux rester sauvage, me rouler dans l'herbe, courir, crier, jouer ! »
Seules les leçons de dessin me plaisaient, et la géométrie, aussi.
Là, il n'était pas nécessaire de parler : c'étaient les droites, les angles, les triangles et les couleurs qui parlaient. J'étais brillant, applaudi de tous, présenté comme un modèle d'excellence par le maître.
Alors, bien sûr, je me sentais comme un roi !

Un roi !… Jusqu'au jour où, en dernière année, je vis ce dessin.
C'était le portrait d'un fumeur ; un de mes camarades l'avait réalisé en s'inspirant d'un journal. C'était très beau.
Furieux, je me précipitai dans la bibliothèque.
Comment était-il possible que quelqu'un dessine mieux que moi ?
Je pris le même journal et je recopiai non seulement ce portrait mais une multitude d'autres. Et j'en couvris les murs de ma chambre.
Cela impressionna un de mes camarades, qui était passé me rendre visite :
« Mais alors, tu es un véritable artiste ? »
Il prononça ce mot. Et pour moi, ce fut une révélation.
Un mot si fantastique, presque venu d'un autre monde… : « artiste » !
« Oui, c'est ça ! Je deviendrai artiste, décidai-je alors.
J'entrerai dans une école de peinture. »

Ma mère s'exclama : « Quoi ? Tu veux devenir artiste ? Tu es fou ! On n'a jamais vu un Juif peintre… et dans notre maison en plus ! » Oui, je le savais : mes parents m'avaient envoyé étudier à l'école russe pour que je devienne comptable ou photographe. Ils rêvaient pour moi d'un bon poste, d'une bonne paye. Mais que savais-je faire, sinon dessiner ? C'était la seule chose qui me réussissait.

« Je t'en prie, maman, il y a une école de peinture en ville. S'ils m'acceptent… »

« Très bien ! Apportons tes dessins au maître. Mais écoute-moi bien : s'il dit que tu n'as pas de talent… »

« Je serai peintre tout de même. J'étudierai seul ! » conclus-je à part moi.

« ÉCOLE DE PEINTURE DU PROFESSEUR JEHUDA PEN »
Ainsi disait l'enseigne devant l'école. J'étais très ému.
Le professeur feuilletait mes dessins en silence. Il réfléchissait.
Puis, finalement, il rendit son verdict : « Oui, ce petit Moshe a du talent ! »

Je payai les leçons avec quelques pièces de cinq roubles
que papa me jeta dans la cour. Je crois que c'était une façon de me dire :
« J'ai beaucoup peiné pour les gagner. Tu devrais te chercher un travail
sérieux au lieu de perdre ton temps avec toutes ces sottises ! »

Effectivement, c'étaient des sottises, car que faisais-je dans cette école ?
Je copiais des plâtres. Des bustes de plâtre. Des copies de sculptures
grecques. Je mettais mon crayon devant mes yeux et je mesurais.
Les mesures n'étaient jamais bonnes. Je copiais des tableaux.
Des paysages, des portraits. J'essayais de reproduire
les couleurs exactes. Les couleurs n'étaient jamais bonnes.
Pourquoi étais-je seul à peindre avec du violet ?
Une voix en moi me disait que je ne peindrais jamais comme les autres.
Et puis pourquoi peindre des plâtres ? J'aurais préféré faire
le portrait de maman, d'oncle Neuch, ou celui des chèvres,
ou de la charrette de grand-père…

Je cherchais une peinture différente. Mais laquelle ?
Je ne cessais de me demander :
« Deviendrai-je un jour un grand artiste ? »

Chez moi, personne ne s'intéressait à ma peinture.
Mon oncle ne me serrait même plus la main. Mes sœurs allaient jusqu'à utiliser mes toiles pour essuyer les planchers fraîchement lavés.
Et lorsque je terminai le cours du Professeur Pen, papa me dit :
« Maintenant, ça suffit. Maintenant, trouve-toi un travail sérieux. »
C'est ainsi que je partis travailler chez un photographe.
Je devais retoucher les portraits, autrement dit,
effacer les rides des dames et les furoncles des messieurs.

Mais je continuais à penser à la peinture.
Cette fois, je rêvais d'entrer à l'École des Beaux-Arts de Saint-Pétersbourg.
Et cette fois encore, je réussis à convaincre papa.

Avec seulement 27 roubles en poche, je partis vers une nouvelle vie.
Mais croyez-vous que j'aie pu gagner ma vie avec mes dessins ? Non.
Qui plus est, une fois à Saint-Pétersbourg, je n'entrai pas dans l'école que je souhaitais, mais dans une autre moins bonne, et le peu de roubles que j'avais ne me permit même pas de louer une chambre.
Chaque soir, je devais partager un lit avec un ouvrier.
Je ne pouvais même pas avoir un lit pour moi tout seul !
J'étais triste, affamé et mal installé.
Seuls mes rêves de peinture me réconfortaient.
Je pensais aux icônes d'Andrei Rublev au musée de Saint-Pétersbourg.
Aux tableaux que je peindrais un jour.
Mais je ne pouvais continuer à vivre de rêves.

Une solution arriva par hasard : un jour, je fus arrêté et jeté en prison car je n'avais ni papiers ni permis de travail.
Peut-être n'y croirez-vous pas, mais dans ma cellule, j'étais parfaitement bien.
J'avais un lit rien que pour moi, à manger chaque jour et je ne devais plus passer des heures à recopier des plâtres, en écoutant les professeurs maugréer :
« Mais monsieur Moshe Segal… qu'est-ce que c'est que ce dessin ?
C'est un gribouillage sans aucun sens ! »
Finalement, j'avais un endroit où dessiner en toute tranquillité !

Malheureusement, deux semaines plus tard, ils me libérèrent.
Et ma vie reprit comme avant : un petit boulot,
l'école de peinture, les nuits froides et désagréables.
De temps en temps, heureusement, je retournais à Vitebsk pour les vacances.
Là, j'avais mon atelier, une pièce rien que pour moi,
où je peignais du matin au soir.
Je peignais le petit mur, la palissade, une procession…
Et puis Bella, ma petite amie, qui était mon modèle favori.
Chaque fois, elle arrivait, les bras chargés de petits fours,
de poissons frits, d'étoffes colorées, de fleurs,
et elle remplissait la pièce de son amour.
Naturellement, elle n'écoutait pas sa mère qui lui répétait sans cesse :
« Ma fille, mais que fais-tu avec un homme pareil ?
Il ne saura jamais gagner son pain et vous mourrez tous deux de faim !
Pauvre de moi… ma fille avec un artiste !
Et puis, qui sait ce que diront les gens ! »

La mère de Bella avait raison.
Quel avenir pouvais-je offrir à Bella ?
Comment vivre uniquement avec des toiles,
des couleurs et des pinceaux ?
Que faire en Russie où personne n'achèterait mes tableaux ?

Je marchais et je priais, errant sur les chemins :
« Mon Dieu, montre-moi le chemin, mon chemin ! »
Et tout à coup…
Je vis la ville se fendre comme les cordes d'un violon.
Je vis les habitants de Vitebsk se promener
et voler dans le ciel, sur les toits.
Je vis les couleurs se diffuser, se transformer,
jaillir de mes toiles.

Alors je compris que ma peinture devait voler.
Voler librement exactement comme cette apparition !

Mais où aller pour pouvoir peindre ainsi
et faire connaître mes tableaux ?
À Paris, il y avait eu Van Gogh, il y avait Picasso,
et il y avait l'avant-garde de la peinture.
Peut-être qu'à Paris,
ils comprendraient ma peinture…
Peut-être qu'à Paris, je deviendrais quelqu'un…

Un jour, je pris ma décision :
« Adieu Vitebsk, je t'abandonne »
soupirai-je.
« Adieu Bella. Ne m'oublie pas !
Je reviendrai et je t'épouserai ! »

Ton visage écarlate ton biplan transformable en hydroplan
Ta maison ronde où il nage un hareng saur
Il me faut la clef des paupières
Heureusement que nous avons vu M. Panado
Et nous sommes tranquilles....

Et me voilà à Paris !
Pas de doute, c'était bien une ville pour un peintre !
Même si je ne connaissais pas un mot de français,
je courais de tous côtés, pour tout découvrir
et tout apprendre.

Le jour, j'allais voir les expositions,
le musée du Louvre, je regardais les vitrines.
La nuit, je peignais jusqu'à deux ou trois heures du matin.
Les lumières et les couleurs de Paris se diffusaient
à l'intérieur de mes tableaux.
En bas, brillait ma signature :

MARC CHAGALL

mon nom d'artiste.

J'habitais la « Ruche », une maison qui avait tout d'une vraie « ruche »,
et où beaucoup d'autres artistes avaient leur atelier :
des artistes juifs, italiens, russes, des artistes du monde entier.
Des acteurs, des poètes, des peintres, des sculpteurs.
Parfois, on entendait Brancusi frapper sur le marbre.
Ou l'on entendait les artistes italiens jouer de la guitare.
Parfois, Modigliani m'invitait à regarder ses peintures,
ou le poète Apollinaire me rendait visite.
Il me lisait ses poésies. Il en écrivit une qui m'était entièrement dédiée.
« Surnaturel ! », voici ce qu'il disait face à mes tableaux.
Qui sait s'il se référait à la perspective absente, à mes personnages brisés,
plongés dans le chaos au lieu d'être placés sur une surface normale.
Ou au fait que je peignais tout nu, la toile posée à l'envers,
au milieu d'un atelier rempli de coquilles d'œuf, de vieilles boîtes de bouillon,
et de lambeaux de chemises de nuit que j'utilisais comme toiles pour peindre.

Pourtant, même à Paris, je ne parvins pas à vendre mes tableaux.
Ils étaient trop « surnaturels », peut-être ? Mon art était trop insensé
avec ces couleurs improbables, ces têtes renversées,
ces chèvres et ces vaches volantes ?

Je peignais les choses telles qu'elles m'étaient apparues
lors de la vision que j'avais eue à Vitebsk.
Pourtant, Vitebsk et la Russie me semblaient maintenant lointains,
voilés, comme dans un rêve.
Et comme dans un rêve, ils réapparaissaient sur mes toiles,
avec les couleurs de mes souvenirs.
Je peignais et… TAC !
brusquement, surgissaient un paysan, Bella, un violoniste,
une chèvre, les maisons de bois au milieu de la neige.
Ma famille et Vitebsk vivaient tout entiers
dans mes tableaux, ils vivaient avec moi, à Paris.
« Vous n'attachez aucune importance à mon art, leur disais-je
en pensée, mais votre vie et ce que vous faites
sont tout mon art. Bientôt, j'apporterai les tableaux
que vous m'avez inspirés à l'exposition
des peintres d'avant-garde, au *Salon des Indépendants.* »

Et c'est précisément ce que je fis.
Un immigré m'aida.
Je vous assure qu'il y eut de quoi rire
le jour où je fis défiler mes tableaux dans Paris
sur une modeste charrette tirée à la main !

BOULANGERIE
PATISSERIE
paris

De nombreux visiteurs vinrent au *Salon des Indépendants.*
Face à mes tableaux, il y en avait toujours un pour se demander :
« Pourquoi ne peint-il pas comme les autres ?
Comme les cubistes ou comme les impressionnistes ?
Pourquoi peint-il un âne si grand, et vert en plus ? »

Heureusement, beaucoup les apprécièrent tels qu'ils étaient.
Quelqu'un voulut même les emporter à Berlin.
Les montrer dans une exposition…
Ma première exposition personnelle !

À Berlin, je commençais à devenir une célébrité.
Mais quelque chose me perturbait.
Je visitais les galeries d'art, j'observais les tableaux des autres peintres
et je voyais les couleurs se friper, se détacher de la toile, grincer, hurler.
C'était comme un cri de mort et de douleur,
comme un lugubre pressentiment. Qu'allait-il se passer ?

Je le compris en traversant l'Allemagne en train pour rentrer à Vitebsk
pendant les vacances. Tandis que je pensais à Bella et à ma famille,
je vis de mes yeux ce pressentiment devenir réalité :
l'Europe se préparait à la guerre.

BAHNHOF

Comme un vent glacial, la guerre souffla aussi sur la Russie.
Il ne me fut pas permis de rentrer en France
ni à Berlin, où j'avais laissé tous mes tableaux.
Je fus enrôlé dans un bureau militaire.
Dans quel but ? Je l'ignore.
Je dessinais alors des soldats.
Blessés sur les brancards.
Des hommes et des femmes aux visages tristes.
Et puis Bella. Notre mariage.
Et la petite Ida, notre fille.

Après trois longues années de guerre, la Révolution éclata.
La Russie était sens dessus dessous,
tout comme un tableau de Chagall.
Le Tsar fut chassé et le peuple prit le pouvoir.
Et je fus aussitôt nommé Commissaire aux Beaux-Arts de Vitebsk !
J'eus pour première mission de préparer les affiches
célébrant le premier anniversaire de la Révolution.
J'appelai tous les peintres de la ville
et nous nous mîmes au travail.
Le jour du défilé, mes bêtes colorées
se balançaient dans toute la ville.
Je regardais les sourires des enfants et des ouvriers :
j'étais certain qu'ils comprenaient mon art.

Mais contrairement à eux, les chefs,
les gouvernants ne me comprenaient pas.
Ils me posaient toujours les mêmes questions :
« Pourquoi la vache est-elle verte
et pourquoi le cheval vole-t-il dans le ciel ?
Qu'est-ce que ça représente ?
Qu'est-ce que ça a à voir avec la politique russe ? »
Je les plantai tous là, avec leurs ressassements.

Et je partis avec Bella et Ida à Moscou, pour peindre le nouveau Théâtre juif :
« Voilà. Ce sont les murs, me dit Efros, le directeur artistique,
face à une pièce obscure. Fais-en ce que tu veux ».
Je m'enfermai à l'intérieur un bon mois.
À la fin, les murs, le rideau et le plafond étaient couverts de toiles colorées.
J'avais peint les ancêtres de l'acteur contemporain :
un musicien, un bouffon, une femme qui danse, un rimailleur.
Et les habitants de mon cher Vitebsk :
l'un qui joue du violon,
l'autre qui agite son chapeau vers les acrobates et crie : « Bravo ! »
et un autre encore qui fait pipi en plein air.
J'avais peint Bella et Ida, mes parents et cette légende :
Marc Chagall porté triomphalement dans les bras d'Efros !

Puis je reçus une autre mission :
enseigner la peinture aux orphelins de guerre.
Ces enfants, qui avaient tout vu s'effondrer autour d'eux,
se jetèrent avec enthousiasme sur les couleurs.
En regardant leurs dessins, j'étais ravi : ils avaient tout de suite
su se recréer un monde de fantaisie et de poésie.
Ils avaient tout de suite compris qu'il existait des dimensions
et des espaces invisibles à l'œil, que notre monde intérieur
pouvait être plus réel que le monde extérieur.

Cette mission me plaisait beaucoup,
mais quand il s'agissait d'être payé
tout se compliquait :
« Reviens demain… »
me disait-on chaque fois.
Mais pourquoi, outre le talent, le bon Dieu
ne m'avait-il pas donné une allure imposante,
afin que je sois respecté et craint de tous ?
J'étais désespéré.
De nouveau sans un sou.

Puis, un jour, je reçus une lettre
d'Allemagne, une lettre d'un ami :
« Es-tu toujours vivant ?
Ici, on raconte que tu es mort à la guerre.
Sais-tu qu'en Allemagne,
tes tableaux valent très cher ? »
Je décidai de partir.
Bella et Ida me rejoignirent peu après.

Et peu après, je reçus aussi un télégramme.
De France, cette fois-ci.
Il disait : « Reviens, ici, tu es célèbre ! »
signé :
« Ton ami Blaise Cendrars ».

Finalement, en France,
je pus vivre de mon art,
avec Bella et Ida à mes côtés.
Finalement… mais pas pour toujours.

Un autre événement s'apprêtait de nouveau
à mettre le monde sens dessus dessous.

En Europe, la Seconde Guerre mondiale éclata.
Le Musée d'Art moderne de New York me proposa de venir en Amérique.
Nous partîmes, en emportant dans nos bagages mes tableaux,
mes dessins et mes couleurs.
Durant ce long voyage, je me demandais ce que me réservait le destin.
Qui sait, là-haut, les étoiles silencieuses voyaient peut-être déjà mon avenir :
ma vie en Amérique, mon retour en France après la guerre,
le musée que j'ouvrirais à Nice avec mes tableaux,
les vitraux que je ferais à Jérusalem, à Chicago, à New York,
les mosaïques, la décoration du plafond de l'Opéra de Paris…
Oui, de là-haut, les étoiles pouvaient peut-être déjà voir toute ma vie dessinée
sur terre comme un grand tableau de Marc Chagall.

Biographie de Marc Chagall

1887
Marc Chagall naît à Vitebsk, en Russie.
1907
À 19 ans, il se rend à Saint-Pétersbourg pour chercher du travail et suivre les cours d'une école de peinture.
1910
À 23 ans, il part à Paris tenter sa chance comme peintre.
1914
Il expose pour la première fois seul à Berlin. Puis il part en vacances en Russie. Suite au déclenchement de la Première Guerre mondiale, il y restera près de huit ans.
1915
Il épouse Bella Rosenfeld et s'installe avec elle à Pétrograd (ex Saint-Pétersbourg).
1916
Naissance de leur fille Ida.
1918
Chagall est nommé Commissaire aux Beaux-Arts de Vitebsk, où il est revenu vivre et où, un an plus tard, il ouvre une académie de peinture.
1920
Il s'installe à Moscou où il réalise les peintures murales du Théâtre juif.
1922
Il retourne avec sa famille à Berlin où il commence à illustrer *Ma vie*, son autobiographie.
1923
Il revient vivre à Paris où on lui commandera de nombreuses œuvres ; parmi elles, des gravures pour la Bible.
1931
Il se rend avec Bella en Palestine, où il puisera son inspiration pour les récits de l'Ancien Testament.